Sprookje over een Tandenborstel

M.G. LEONARD *Met illustraties van* DANIEL RIELEY

Sofie was al zes. Ze mocht haar eigen tandenborstel uitkiezen.
Ze koos er eentje zo geel als de zon en schreef een S op zijn buik.

'Nu weet iedereen dat dit mijn tandenborstel is,' zei ze.
'Hij heet Sammie.'

Sofie poetste haar tanden
met Sammie. Iedere ochtend
voor school begon…

…en iedere avond
voor ze naar bed ging.

Sammie was
een hele blije
tandenborstel.

Op een dag zag Sofies moeder dat Sammies haren uit elkaar stonden.
'O jee,' zei ze. 'Sofie heeft een nieuwe tandenborstel nodig.'

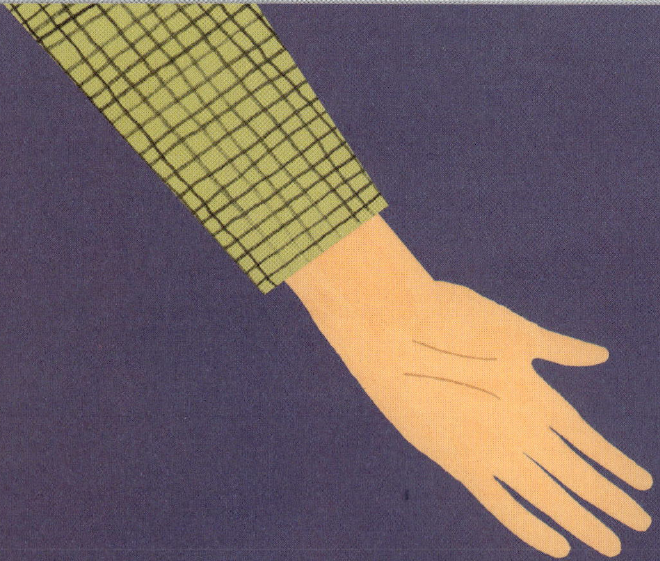

En ze
gooide
Sammie
weg.

‘Dat is Sammie niet,’ zei Sofie huilend, toen ze een rode tandenborstel boven de wastafel zag staan. ‘Waar is-ie?’

Maar de vuilnismannen hadden de vuilnisbakken geleegd en Sammie meegenomen.

Het was donker in de zwarte vuilniszak.
Sammie werd geplet tegen een lege shampoofles.
'Hallo,' zei hij. 'Ik ben Sofies tandenborstel.'
'Dat ben je niet meer,' zei de sikkeneurige shampoofles.
'Nu ben je vuilnis.'
'Dat was het dan,' jammerde een plastic zak, 'en ik ben
maar één keer gebruikt!'
Ik wil naar Sofie toe, dacht Sammie. *Ik vind het hier niet leuk.*

WAS
IJDE
GLANS
SHAMPOO
200 ml
SINAASAPPEL
AP
100% PUUR
SINAASAPPELSAP
GECONCENTREERD
200ml
WASMIDDEL

Sammie schrok van het blazen
van een scheepshoorn.
'Wat gebeurt er?' piepte hij.
'We zitten op een boot,' zei een
ingedeukt zeepdoosje.
'Bedoel je dat ik een zeeman ben?'
Sammie lachte. 'Wacht maar tot ik
dat Sofie vertel!'

Sammie voer
ontelbare dagen en nachten
over zee.

Toen hoorde hij een knarsend
geluid en een klap, en werd hij
verblind door een fel licht.

Sammie werd opgetild en
tuimelde naar beneden
met potten, flessen, wikkels
en tasjes.

Deze nieuwe, bloedhete plek was ver bij Sofie vandaan. Een grote rat kwam op Sammie af en snuffelde aan hem. ‘Help me, alsjeblieft,’ zei Sammie. ‘Ik ben hiernaartoe gevaren met een boot, maar ik wil naar huis.’

‘Hou je stevig vast.’ De rat nam Sammie tussen zijn tanden en sleepte hem naar de rivier. ‘Deze rivier komt uit op de zee. Neem dezelfde weg terug. Veel succes.’

'Dank je, rattenvriend,' riep Sammie terwijl hij wegdreef.

De zon ging honderd keer op en onder, terwijl Sammie over zee voer. Hij spoelde aan op een goudgeel strand en zag onder een palmboom een roze tandenborstel dansen met een plastic flesje.

‘Waar ben ik?’ vroeg hij.

‘Het eiland van de liefde,’ antwoordde de roze tandenborstel.

‘Onze liefde vergaat pas als wij vergaan,’ zei het plastic flesje, terwijl hij de tandenborstel knuffelde. ‘Nooit.’

'Ik kan hier niet blijven,' zei Sammie,
terwijl een golf hem terug de zee in trok.
'Ik zoek de weg naar huis, naar Sofie.'
'Houdt ze van je?' vroeg de roze tandenborstel.
'O, jazeker. Ze schreef een S op mijn buik.'
'Dan moet je haar vinden,' zei het plastic flesje huilend.

Sammie voer dagen en
weken en maanden,
draaiend en kolkend
midden op zee.

Hij kwam een fles
schoonmaakmiddel tegen die
dacht dat-ie een piratenschip
was, probeerde te praten met
een leeggelopen ballon,

en zwom naar een vlot van
plastic rietjes die elkaar
hadden opgezocht. Niemand
kon hem helpen de weg
naar huis te vinden.

Sammie begon de moed te verliezen.
‘Liefste ster,’ zei hij al dobberend. ‘Ik ben verdwaald.
Kun jij me helpen de weg naar Sofie terug te vinden?’
‘Ga noordnoordoost,’ zei de eerste ster.
‘Twinkel, twinkel,’ zei de tweede.

’s Ochtends vloog er een albatros naar beneden en
hij landde op het water, naast Sammie.
‘Jammie!’ De albatros wreef over zijn buik.
‘O! Eet me niet op!’ zei Sammie huilend.
‘Ik ben van plastic. Dat maakt je ziek!’

‘Maar ik heb honger,’ krijste de albatros.
‘Eet dan een vis,’ antwoordde Sammie.
‘Ben jij geen vis?’ vroeg de albatros verbaasd.
‘Ik ben een tandenborstel,’ zei Sammie,
‘en ik probeer thuis te komen.’

‘Thuis? Waar is dat?’ vroeg de albatros.
‘De sterren zeiden noordnoordoost,’
antwoordde Sammie.
‘Ik breng iedereen op zee geluk.’
De albatros knipoogde.
‘Ik zal je helpen.’

Hij boog zijn hoofd en nam de gele
tandenborstel in zijn snavel.
‘Ik vlieg!’ juichte Sammie, en hij steeg op naar
de wolken. ‘Ik wou dat Sofie dit kon zien.’

De albatros vloog over oceanen en hoge bergen totdat ze, eindelijk, bij Sofies huis aankwamen. Hij legde Sammie op de deurmat en fluisterde gedag.

‘KIJK, mama! Sammie is terug!’ Sofie knuffelde de gele tandenborstel.
‘Dat kan niet,’ zei haar moeder terwijl ze haar wenkbrauwen fronste.
‘Het is hem echt, je kunt zien waar ik de S schreef.’
‘Maar je kunt je tanden NIET met hem poetsen, Sofie,’ zei haar moeder. ‘Hij is vies.’

Sammies hart brak.

Sofie staarde naar de oude gele tandenborstel.
'Ik kan mijn tanden misschien niet met hem poetsen,' zei ze, 'maar ik kan de haren van mijn pop wel met hem borstelen.

En ik kan mijn voetbalschoenen met hem schoonmaken.

En met hem verven.
Hij komt nog steeds van pas.'

Sammie woont nu in een jampot op een plank in de speelgoedkast. Wanneer Sofie slaapt, smeekt het speelgoed Sammie om te vertellen over de tandenborstel die op wereldreis ging.

‘Ik reed in een vrachtwagen, voer op een schip en werd meegesleept door een rat. Ik dobberde op zee en vroeg de sterren me de weg te wijzen. Ik vloog terug naar Sofie in de snavel van een albatros, want zonder doel en iemand die van ons houdt, voelen we ons waardeloos.’

HET PROBLEEM

Veel tandenborstels kunnen niet worden gerecycled omdat ze zijn gemaakt van een mix van verschillende soorten plastic die zich moeilijk laten scheiden.

Bijna alle tandenborstels ter wereld zijn gemaakt van plastic. Hun steel is van plastic en hun haren van nylon.

Je gebruikt een tandenborstel maar drie of vier maanden. Dat zijn er meer dan drie per jaar. In je hele leven zijn dat er ongeveer driehonderd.

Wanneer we plastic weggooien wordt een deel ervan gerecycled, maar het meeste wordt in de grond gestopt, verbrand of komt terecht in onze zeeën.

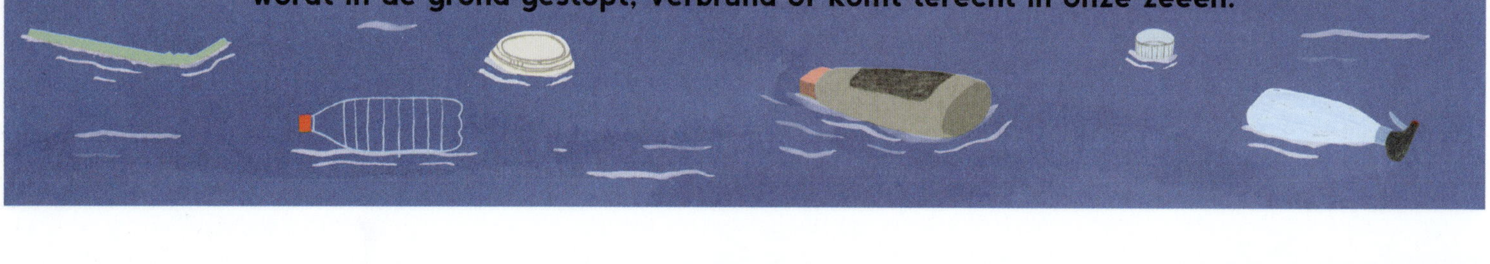

MET PLASTIC

Een tandenborstel is niet het enige plastic voorwerp dat we maken. Hoeveel andere plastic dingen kun je ontdekken in dit verhaal?

Iedere dag komen er in de zee gemiddeld acht miljoen stukken plastic bij. Dat is heel slecht voor de dieren die er leven.

Plastic spoelt aan op stranden over de hele wereld.

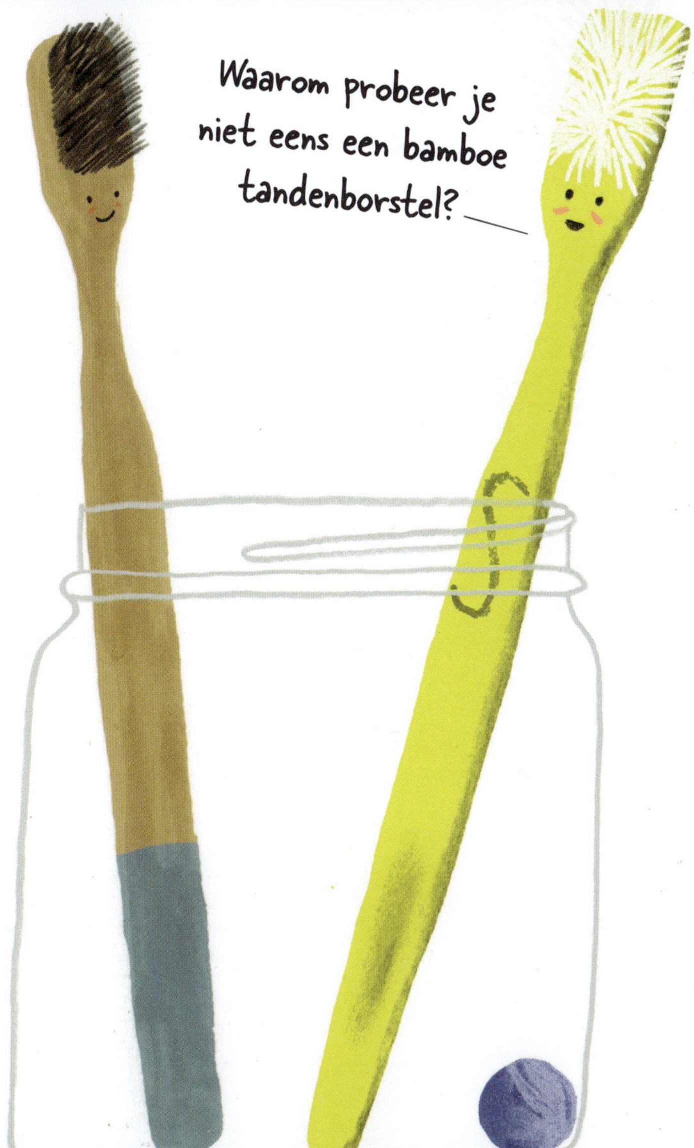

Voor mijn mama, Jane Sparling,
en ieder kind dat ze ooit lesgaf. – M.G.L.

Voor Florence en iedereen die probeert het gebruik van wegwerpverpakkingen te verminderen. – D.R.

Oorspronkelijke titel: *The Tale of a Toothbrush*
Oorspronkelijke uitgever: Walker Books Ltd

www.fontaineuitgevers.nl

Vertaling: Mirjam Hoekstra
Omslagbewerking: Titia Seveke
Opmaak: ZetSpiegel, Best

ISBN 978 94 6404 077 7
NUR 273